MEIN

GRAFISK FORLAG *Kopenhagen*
GYLDENDAL NORSK FORLAG *Oslo*
LÄROMEDELSFÖRLAGEN/SPRÅKFÖRLAGET *Stockholm*
ERNST KLETT VERLAG *Stuttgart*
JOHN MURRAY *London*
WOLTERS/NOORDHOFF *Groningen*

ERICH KÄSTNER

MEIN ONKEL FRANZ

Auszug aus dem Erinnerungsbuch
»Als ich ein kleiner Junge war«

GEKÜRZT UND VEREINFACHT FÜR
SCHULE UND SELBSTSTUDIUM

Diese Ausgabe, deren Wortschatz nur die gebräuchlichsten deutschen Wörter umfaßt, wurde gekürzt und vereinfacht, und ist damit den Ansprüchen des Deutschlernenden auf einer frühen Stufe angepaßt.

Oehler: Grundwortschatz Deutsch (Ernst Klett Verlag) wurde als Leitfaden benutzt.

© 1969 by ATRIUM VERLAG ZUERICH
& GRAFISK FORLAG A.S.

HERAUSGEBER:

H. E. Jensen
O. Børløs Jensen *Dänemark*
Bengt Ahlgren *Norwegen*
Uwe Pütter *Schweden*
Otto Weise *Deutschland*
Ferdinand van Ingen *Holland*

Umschlag: Ib Jørgensen
Illustrationen: Oskar Jørgensen

ISBN Dänemark 87 429 7560 3

Gedruckt in Dänemark von Grafisk Institut A·S Kopenhagen
MCMLXXI

ERICH KÄSTNER
(geb. 1899)

erzählt in seinem Buch ALS ICH EIN KLEINER JUNGE WAR Erinnerungen aus seiner Kindheit in Dresden. Das hier vorliegende Buch: MEIN ONKEL FRANZ ist ein Auszug aus den Erinnerungen und beschäftigt sich vorwiegend mit dem Onkel Franz, der es durch seinen Pferdehandel zum Millionär brachte, ohne dabei ein anderer zu werden. Es führt uns zurück in eine Zeit, die es nicht mehr gibt, die auch nicht wiederkommt. Kästner zeigt uns hier, was es heißt, arm zu sein, und wie auch ein armer Mensch seine Würde bewahren kann.

ANDERE WERKE VON KÄSTNER:

Gedichtsammlungen: Herz auf Taille (1927); Gesang zwischen den Stühlen (1932); Doktor Erich Kästners lyrische Hausapotheke (1936).

Prosa: Emil und die Detektive (1928); Pünktchen und Anton (1931); Fabian (1931); Das fliegende Klassenzimmer (1933); Drei Männer im Schnee (1934); Die verschwundene Miniatur (1935); Der kleine Grenzverkehr (1949); Die Konferenz der Tiere (1949); Das doppelte Lottchen (1949); Als ich ein kleiner Junge war (1957); Notabene 45 (1961).

der Sattler

1 Die Kästners und die Augustins

Wer von sich selber zu erzählen beginnt, beginnt meist mit ganz anderen Leuten. Mit Menschen, die er nie getroffen hat und niemals treffen wird. Mit Menschen, die schon lange tot sind, und von denen er fast gar nichts weiß. Wer von sich selber zu erzählen beginnt, beginnt meistens mit seinen *Vorfahren*.

Von den Vorfahren meines Vaters weiß ich fast nichts. Die Männer waren *Handwerker*, hatten viele Kinder und lebten länger als ihre Frauen. Der Vater meines Vaters war *Tischler*meister und hatte mit seiner Frau elf Kinder. Fünf starben, ehe sie gehen gelernt hatten. Zwei seiner Söhne wurden Tischler, einer wurde *Schmied*, und Emil Kästner, mein Vater, wurde *Sattler*.

der Schmied   der Tischler

die Vorfahren: die Menschen, die vor uns lebten
der Handwerker: der Schmied, der Tischler, der Sattler sind Handwerker.

Ida Amalie Kästner, meine Mutter, kommt aus einer Familie namens Augustin, die in *Sachsen* lebte. Von den Augustins weiß ich viel mehr, denn wir hören hin und wieder von ihnen in der Geschichte. Nicht weil sie *große Taten vollbracht* haben, sondern zu kleine. Sie waren Bäcker und machten zu kleine Brote und *Brötchen*. Darum wurden sie bestraft, und das wird aufgeschrieben! Dreihundert Jahre waren die Augustins Bäcker. Dann wurden sie Pferdehändler. Carl Friedrich Louis Augustin hatte eine Reihe Kinder. Er war Schmied und Pferdehändler. Sieben seiner Söhne handelten mit Pferden. Zwei von ihnen wurden durch ihren Pferdehandel sogar Millionäre. Seine Tochter Ida Amalie ist meine Mutter.

das Brötchen

Sachsen: ein Land in der DDR.
eine große Tat vollbringen: etwas Großes tun

Fragen

1. Was waren die Vorfahren von Kästners Vater?
2. Was waren die Vorfahren von Kästners Mutter?
3. Von welchen Vorfahren weiß er wirklich etwas?
4. Was wurden Idas Brüder?

2 Die kleine Ida und ihre Brüder

Die kleine Ida Augustin, meine spätere Mutter, wohnte als Kind in einem *Bauernhaus*. Zu diesem Haus gehörten viele Dinge: eine *Scheune*, ein kleiner Vorgarten mit Blumen, ein Dutzend Kinder – Jungen und Mädchen –, ein alter Garten mit *Kirsch-*

---

das Bauernhaus: der Bauernhof

und *Pflaumen*bäumen, ein Pferde*stall*, viel Arbeit und ein langer Schulweg. Denn die Schule lag in einem anderen Dorf. Und sehr viel gab es in der Schule nicht zu lernen. Denn sie hatte nur einen Lehrer und zwei Klassen. In der einen Klasse saßen die Kinder von sieben bis zehn Jahren, in der anderen die Kinder von elf bis vierzehn Jahren. Da gab es außer Lesen, Schreiben und Rechnen nichts zu lernen, und für die klugen Kinder wurde die Zeit schrecklich lang.

Im Winter lag der Schnee manchmal so hoch, daß man die Haustür nicht öffnen konnte! Dann mußten die Kinder durchs Fenster klettern, wenn sie in die Schule wollten. Oder wenn der Großvater es wollte! Und der Weg war weit und man fror, und wenn man endlich in der Schule ankam, meistens sogar zu spät, gab es nicht einmal etwas Ordentliches und Interessantes zu lernen. Aber die kleine Ida ging trotzdem den weiten Weg, denn sie wollte etwas lernen. Sie wollte alles lernen, was der Lehrer selber

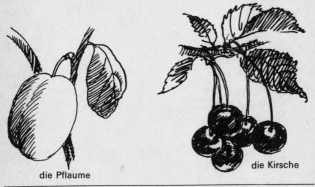

die Pflaume — die Kirsche

der Stall: Raum für Kühe und Pferde

11

wußte. Und wußte er auch nicht sehr viel, so wußte er doch immer noch etwas mehr als die kleine Ida.

Mit ihren älteren Brüdern – dem Franz, dem Robert und dem Paul – war das nicht so. Sie dachten anders über die Schule und das Lernen. Für sie waren die Stunden im Klassenzimmer verlorene Zeit. Das bißchen Lesen und Schreiben, das sie später brauchen würden, war bald gelernt. Und Rechnen? Ich glaube, rechnen konnten die drei Jungen schon in der *Wiege*.

die Wiege

Sie gingen wohl jeden Morgen in die Schule, aber meistens kamen sie nicht in der Schule an! Was taten sie dann den ganzen Tag? Sie handelten mit *Kaninchen*.

Sie hätten sicher viel lieber mit Pferden gehandelt, aber Pferde kann man nicht in *Holzkisten* verstecken. Außerdem: Erst hat man zwei Kaninchen, und die kriegen dann *Junge*, und so hat man bald viele Kaninchen, und immer wieder kriegen sie Junge. Man braucht nur ein paar *Rüben*, *Möhren* und *Salatköpfe* zu finden, damit die lieben kleinen Tiere *satt* werden und immer wieder Junge kriegen.

---

satt: Gegenteil von hungrig

Nun, die drei Brüder fanden das notwendige Futter. Ich glaube, sie bezahlten es nicht einmal. Darum konnten sie ihre Kaninchen billig verkaufen. Das *Geschäft* ging gut. Die drei Brüder hatten zuletzt einen so großen Kaninchenhandel, daß mein Großvater davon hörte. Er war gar nicht so stolz auf seine Söhne und ihren Handel. Er fragte sie aus, aber sie blieben stumm. Er *verprügelte* sie, bis ihm beide Arme weh taten, aber auch das half nichts. Dann fragte er die kleine Ida. Sie erzählte ihm, was sie wußte. Und sie wußte nicht wenig.

---

das Geschäft: der Handel
verprügeln: schlagen

Der Robert, der Franz und der Paul fanden das gar nicht schön. Deshalb *unterhielten* sie *sich* in aller Stille mit der Schwester, und die hatte nach der Unterhaltung noch sehr lange blaue Flecke, die erst grün, dann gelb wurden, bevor sie endlich verschwanden.

Die blauen Flecke waren im Grunde genommen das einzige *Ergebnis* der Unterhaltung. Die Schwester sagte: »Vater wollte die Wahrheit wissen. Und die Wahrheit muß man immer sagen. Das lernt man in der Schule und zu Hause.« Aber die drei Brüder waren nicht oft genug in der Schule und zu Hause

---

sich unterhalten: miteinander sprechen
das Ergebnis: das Resultat

gewesen, um das zu wissen. Sie sagten: »Du hast *geklatscht*. Du bist kein guter Kamerad und keine ordentliche Schwester. Du sollst dich schämen!«

Wer recht hat, ist nicht leicht zu sagen. Darf man die *Eltern belügen,* weil die Brüder es so wollen? Oder muß man den Eltern die Wahrheit sagen, auch wenn das für die Brüder schlimm ist? Diese Frage ist so alt wie die Welt.

Hätte mein Großvater besser auf seine Jungen aufgepaßt, so hätte er die kleine Ida nicht ausfragen müssen. Aber er war oft von zu Hause weg, um ein Pferd zu kaufen oder zu verkaufen. War das sein Fehler?

Wären die Brüder brave Jungen gewesen, so hätte die kleine Ida sie nicht verklatschen müssen. Aber sie waren eben Handelsleute und mochten nicht zur Schule gehen. War das ihr Fehler?

Der einzige Mensch, der sich schuldig fühlte, war die kleine Ida. Sie ging artig zur Schule. Sie half fleißig zu Hause, sah nach ihren kleineren Schwestern und Brüdern und sagte, als man sie danach fragte, die Wahrheit. War das ein Fehler?

Liebe Kinder, lest das Folgende auch. Es ist vielleicht nicht so interessant wie der Kaninchenhandel, aber es ist wichtiger! Und deshalb wiederhole ich die drei Punkte!

Erstens: Ein Vater hat für seine Familie zu wenig

---

klatschen: etwas Böses über einen anderen weitersagen
die Eltern: der Vater und die Mutter
einen belügen: einem etwas Falsches sagen

Zeit, weil er genug Geld verdienen muß. Er *erwischt* und verprügelt drei seiner zwölf Kinder, und damit ist für ihn alles wieder ganz in Ordnung.

Zweitens: Drei Jungen *schwänzen* die Schule, werden darum vom Vater verprügelt, *verhauen* eine Schwester, und damit ist für sie wieder alles in Ordnung.

Und drittens: Ein kleines, ganz braves Mädchen, das die Eltern und Schwestern und Brüder liebt, soll die Wahrheit sagen und sagt sie. Und damit kommt für sie alles in Unordnung.

So war es, und das ist schlimm. Meine Mutter ist ihr ganzes Leben nicht damit fertig geworden. Hatte sie die Brüder verklatscht? Hätte sie lügen sollen? Warum hatte der Vater gerade sie gefragt? So viele Fragen! Und es gab keine ordentliche Antwort.

---

erwischen: zu fassen kriegen
die Schule schwänzen: nicht zur Schule gehen
verhauen: verprügeln

Fragen

1. Wo wohnte die kleine Ida als Kind?
2. Was war ihr Vater?
3. Wie war die Schule?
4. Warum ging sie schön brav in die Schule?
5. Warum gingen die Brüder nicht gern dorthin?
6. Was taten sie statt dessen?
7. Warum erzählte Ida, was sie wußte?
8. Wie behandelten die Brüder die kleine Schwester?
9. Wer hatte nun recht?

3 Die *ehemaligen* Kaninchenhändler

Das Leben ging weiter. Die Kinder wurden älter, und die drei Brüder, die Kaninchenhändler, was wurde aus ihnen? Wurden sie Pferdehändler? Nicht gleich, obwohl sie alles über Pferde wußten. Schon als Kinder hatten sie ja immer mit Pferden zu tun gehabt. Aber wenn sie Pferdehändler werden wollten, brauchten sie Geld. Und Geld hatten sie nicht. Und der Großvater auch nicht. Darum ließ der Großvater sie *Fleischer* werden. So wurden sie erst einmal Fleischer, weil der Großvater es wollte. Und daß sie nun auf dem richtigen Weg waren, wußten sie noch nicht.

In der Hechtstraße in Dresden fingen sie als junge Fleischermeister an, der Onkel Franz und der Onkel Paul. Die Hechtstraße war schmal und grau, und es wohnten viele Menschen dort. Die *Läden* waren billig zu haben. Jeder hatte seinen, und sie lagen einander gegenüber. Aber das brachte keinen Streit. Ihre Waren waren gut, besonders ihre *Wurst* und ihr *Schinken*. Ihre Frauen, Tante Lina und Tante Marie, standen von früh bis spät im Laden. Hin und wieder sahen sie über die Straße in den anderen Laden, und dann winkten sie einander zu.

---

ehemalig: früher
der Laden: ein Raum, wo man Waren kaufen kann

die Wurst

der Fleischerladen   der Schinken

Als Onkel Franz und Onkel Paul lange genug Koteletts und Wurst gemacht hatten, konnten sie das erste Pferd kaufen und das Korn, es damit zu füttern. Und kurze Zeit später verkauften sie es gut. Nun war es schon leichter, zwei Pferde zu kaufen. Drei Pferde. Vier Pferde. Und sie waren fleißig, und alles ging gut.

Aber noch immer waren sie Fleischer, und ihr Tag begann früh um fünf Uhr, und er dauerte bis spät abends.

Tante Marie hatte vier Kinder. Ein Sohn, Hans, war blind. Er war immer froh, aß und lachte gern und kam, als seine Mutter, Tante Marie, starb, in ein Heim für Blinde. Dort lernte er das *Korbflechten*. Der Vater, Onkel Paul, hatte für den blinden Sohn keine Zeit.

das Korbflechten

Die ehemaligen Kaninchenhändler waren harte Leute. Sie dachten nicht an sich, und an andere Menschen dachten sie schon gar nicht. Sie dachten nur an den Handel. Wenn der Tag achtundvierzig Stunden gehabt hätte, ja, dann hätten sie vielleicht auch an Sachen wie Frau, Kinder, Brüder, Schwestern oder sich selbst denken können. Aber der Tag hatte eben nur vierundzwanzig Stunden.

Darum dachten sie nur an den Handel. Nicht einmal an ihren alten Vater dachten sie. Und der war krank und hatte kein Geld, und er wußte, daß er bald sterben sollte. Aber er war zu stolz, um seine Söhne um Hilfe zu bitten. Außerdem dachte er wohl an das Wort: Ein Vater kann leichter zwölf Kinder ernähren, als zwölf Kinder einen Vater. Meine Mutter hörte, wie krank der Vater war, und ging in die Hechtstraße zu Onkel Franz und bat ihn, etwas für den Vater zu tun. Das tat er auch.

Er schickte dem Vater ein paar Mark und einen Brief mit herzlichen Grüßen und den besten Wünschen für die väterliche Gesundheit. Den Brief schrieb er nicht selber! Das tat seine Frau, Tante Lina. Onkel Franz hatte dafür keine Zeit. Zum *Begräbnis* kurze Zeit später reiste er aber persönlich. So war er nun auch wieder nicht. IN FACT HE WASN'T LIKE THAT.

Q6 [Für Familien*ereignisse* hatte man Zeit. Besonders für Begräbnisse. Da trafen die *Verwandten* sich. Mit Taschentüchern zum *Tränen*wischen. Die Augen und die Nasenspitzen wurden rot. Und die Tränen waren sogar echt!

Auch für den folgenden *Leichenschmaus* war Zeit. Und beim Essen war man sogar richtig traurig, wie *es sich gehörte*. Beim Kaffee und Kuchen wurde gelacht. Und beim Kognak zogen die ehemaligen Kaninchenhändler leise ihre goldenen Taschenuhren

das Begräbnis

---

das Ereignis : die Begebenheit, das Geschehen — verb - to happen. — EVENT.
relatives *der Verwandte :* einer aus der Familie
die Träne : das Wasser in den Augen
der Leichenschmaus : das Essen nach dem Begräbnis
es gehört sich : es muß so ein   as was fitting.

21

aus der Weste. Sie hatten es wieder eilig. »Adieu!« »Wir sehen uns bald wieder!« »Ach, es war gerade so gemütlich!«

Nur bei ihrem eigenen Begräbnis blieben sie länger.

Fragen

1. Was wurden Idas Brüder zuerst?
2. Wie lagen die Geschäfte der beiden Brüder?
3. Wer verkaufte die Waren in den Geschäften?
4. Womit handelten die beiden Brüder?
5. Warum kümmerten sie sich nicht um ihre Familie?
6. Bei welchen Gelegenheiten waren sie aber immer dabei?
7. Wie lange blieben sie?

4 Das Pferdehotel

Franz Augustin und Paul Augustin blieben in der Hechtstraße wohnen, auch nachdem sie ihre Fleischerläden gut verkauft hatten und jetzt nur Pferdehändler waren.

Onkel Paul kaufte und verkaufte nur edle Pferde. Schon nach wenigen Jahren durfte er sich »Königlicher Hoflieferant« nennen. Er ließ sich ein feines *Schild* malen und hängte es über seiner Tür auf.

das Schild

**Paul Augustin
Königlicher Hoflieferant**

Ich war aber lieber bei meinem Onkel Franz. Er kaufte und verkaufte Arbeitspferde. Pferde für Lastwagen, Bierwagen und Möbelwagen. Er war *saugrob*, mein Onkel Franz. Hoflieferant hätte er nie werden können, aber ich mochte ihn lieber als den feinen Onkel Paul, den seine Schwestern und Brüder »Herr Baron« nannten. Bei Onkel Franz und seinen *Knechten* und Pferden fühlte ich mich zu Hause.

In den braunen Holzställen im Hof war für etwa dreißig Pferde Platz. Für die Dänen, die Ostpreußen, die Oldenburger, die Holsteiner, die Belgier. Die

---

saugrob : sehr grob.
der Knecht : der Arbeiter auf einem Bauernhof

Knechte brachten Heu, Korn und Stroh und viele Eimer frisches Wasser. Die Pferde fraßen und tranken, daß es fast nicht zu glauben war.

Sie machten mit ihren dicken *Hufen* Lärm, und *peitschten* mit den Schwänzen die Fliegen vom Rücken. Wenn ich näherkam, wandten sie den Kopf und sahen mich fremd und still an. Manchmal *nickten* sie dann, und manchmal *schüttelten* sie den

---

peitschen: schlagen
nicken: den Kopf auf und nieder bewegen
schütteln: den Kopf hin und her bewegen

24

Kopf. Aber ich wußte nicht, was sie meinten. Rasmus, der lange und magere *Großknecht* aus Dänemark, der kein S sagen konnte, ging mit dem Tierarzt von Stall zu Stall.

Pferde können krank werden, genau wie wir. Sie haben sogar manchmal dieselben Krankheiten. Wir sterben aber nicht, wenn wir mal Husten oder Schnupfen haben. Bei Pferden ist das gar nicht so sicher. Sie fressen zu nasses Heu, und schon werden ihre Bäuche groß und dick, und der Tod klopft an

---

der Großknecht: der oberste Knecht

die Stalltür. Oder sie sind warm geworden und trinken zu kaltes Wasser, kriegen Schnupfen und fangen an zu husten. Das Fieber steigt, und schon klopft der Tod an die Stalltür. Manchmal kam der Tierarzt früh genug. Manchmal kam er zu spät. Dann kam der Wagen des *Abdeckers* und holte das tote Pferd. Die Hufe, die Haut und die Haare von Schwanz und *Mähne* waren noch zu gebrauchen.

Das Schlimmste bei einem Pferdetod war das verlorene Geld. Man weinte nicht, denn die Pferde gehörten ja nicht zur Familie. Sie waren so etwas wie vierbeinige Hotelgäste, die einige Tage in Dresden wohnten. Dann ging die Reise weiter, auf einen Bauernhof, in eine Fabrik oder in eine Kaserne. Manchmal auch in die *Abdeckerei*. Hotelbesitzer weinen nicht, wenn ein Gast im Hotel stirbt. Man trägt ihn leise über die Hintertreppe aus dem Haus.

Fragen

1. Wo war der kleine Erich am liebsten?
2. Wie war der Onkel Franz?
3. Wie sah es im Hinterhof aus?
4. Was konnte mit den Pferden passieren?
5. Was tat man dann mit ihnen?

---

der Abdecker: der Mann, der die toten Tiere holt
die Mähne: siehe Bild Seite 25
die Abdeckerei: tote Tiere kommen in die Abdeckerei

5 Onkel Franz und Tante Lina

Die ungemütliche, kleinbürgerlich möblierte Wohnung lag über dem Fleischerladen, in dem nun schon lange ein anderer Fleischermeister Koteletts verkaufte. In der Wohnung bestimmte Frieda, das stille und fleißige Dienstmädchen. Frieda kochte, wusch, hielt die Wohnung in Ordnung und war für meine Kusine Dora die Mutter. Denn die Mutter, Tante Lina, hatte keine Zeit für das Kind.

Sie war die *Geschäftsführerin* ihres Mannes geworden und saß von früh bis spät im Büro. Mit Schecks,

---

die Geschäftsführerin: Direktorin

Rechnungen, *Steuern*, Löhnen und solchen Sachen. Solche Sachen waren nichts für Onkel Franz. Er hatte gesagt: »Das machst du!«, und also tat sie das. Hätte er gesagt: »Spring heute abend um sechs Uhr von der Kreuzkirche!« wäre sie gesprungen. Vielleicht hätte sie noch oben auf dem Turm einen Zettel hingelegt, auf den sie geschrieben hatte: »Lieber Franz! Entschuldige, daß ich erst acht Minuten nach

---

die Steuern: Abgaben an den Staat

sechs springe, aber ich mußte erst mit meiner Arbeit fertig sein. Deine Dich liebende Frau Lina.«

Natürlich kam er nicht auf die Idee, sie springen zu lassen. Sonst hätte er seine Geschäftsführerin verloren. Das wäre dumm von ihm gewesen. Und dumm war er nicht, mein Onkel Franz.

Das Büro, es hieß noch *Comptoir*, war am Ende des Hofes in einem kleinen Hinterhaus. Hier arbeitete und bestimmte Tante Lina. Hier holten die Knechte jede Woche ihren Lohn. Hier schrieb sie Schecks. Hier *führte* sie *Buch*. An der Wand stand der *Panzerschrank*, für den nur Tante Lina den *Schlüssel* hatte. An ihrer *Schürze* hing das *Schlüsselbund* und

der Panzerschrank   die Schürze   das Schlüsselbund

Buch führen: Geldeinnahmen und -ausgaben aufschreiben
das Comptoir: siehe Bild Seite 24

die Geldtasche. Den Bleistift steckte sie hinters Ohr. Sie war energisch und wußte, was sie wollte. Ein einziger Mensch auf der Welt machte sie unruhig: der 'Herr'. So nannte sie ihn, wenn er nicht da war. War er im Zimmer oder am Telefon, sagte sie »Franz« zu ihm. »Ja, Franz.« »Natürlich, Franz.« »Gewiß, Franz.« »Selbstverständlich, Franz.« Dann war ihre sonst so energische Stimme ganz weich.

Wenn er sie brauchte, schrie er, wo er ging oder stand, nur das Wort »Frau!« Und schon rief sie: »Ja, Franz?« und lief so schnell, wie sie konnte. Dann brauchte er nur noch zu sagen: »Heute nacht fahre ich mit Rasmus nach Flensburg, um Pferde zu kaufen. Gib mir zwanzigtausend Mark in Hundertmarkscheinen!« Sie nahm schnell ihre Schürze ab und lief in die Bank. Und eine Stunde später war sie von der Bank zurück. Mit zweihundert Hundertmarkscheinen. Später, als sie in der 'Villa' wohnten, lief ich in die Bank und holte das Geld.

Fragen

1. Womit beschäftigte sich Tante Lina?
2. Wer war Frieda?
3. Wie verhielt sich Tante Lina Onkel Franz gegenüber?
4. Wie behandelte Onkel Franz Tante Lina?
5. Wo kaufte Onkel Franz seine Pferde?

6 Der Herr der Pferde wird Millionär

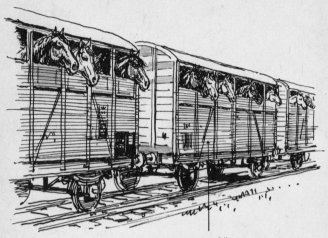

der Güterwagen

Wenn Onkel Franz von den Pferde*märkten* zurückkam, wenn die Pferde aus den *Güterwagen ausgeladen* und in die Hechtstraße gebracht waren, begann des Onkels große Zeit. Erst mußten die Pferde sich aber ein paar Tage ausruhen, denn die Reise war für sie doch sehr schwer gewesen. Sie bekamen gut zu fressen und zu trinken.

Aber schon nach ein paar Tagen kamen die *Kunden*. Viele große, dicke Männer, die was von Pferden wußten und dicke *Brieftaschen* hatten. Bauern

Brieftaschen

---
der Markt : der Handelsplatz
ausladen : herausbringen
der Kunde : der Käufer

31

und Fabrikanten – man konnte meinen, hier würden dicke Männer verkauft und keine Pferde. Die Knechte boten *Havannas* an. Und alle warteten auf die Hauptfigur, auf Franz Augustin, den Herrn der Pferde. Und wenn er sich dann zeigte, wenn er lächelnd durch die *Toreinfahrt* kam, die Zigarre im Mund, die braune *Melone* etwas schief auf dem Kopf, wußten auch die, die ihn noch nie gesehen hatten,

---

die Toreinfahrt: der Eingang zum Hof.

die Havanna

die Melone

die Peitsche

sofort: »Das ist er! Der wird mir ein Pferd zu einem teuren Preis verkaufen, und ich werde doch meinen, er hätte es mir geschenkt!« Dort wo er stand, da war die Mitte, und alles hörte auf ihn: die Knechte, die Pferde und die Kunden!

Die Tiere wurden, eins nach dem andern, gezeigt. Die Knechte hatten die Pferde stramm am *Halfter* und liefen mit ihnen hin und her und wieder hin und

---

das Halfter: siehe Bild Seite 25

her. Besonders wilde Pferde hatte Rasmus am Halfter. Auch das wildeste Pferd war ruhig wie ein Lamm, wenn er neben ihm lief. Manchmal *knallte* Onkel Franz mit der *Peitsche.* Meistens aber brauchte er ein Taschentuch. Das Taschentuch *knatterte* wie eine Fahne im Wind und brachte auch die faulsten Pferde in Fahrt.

War ein Pferd *gemustert* worden, traten die Kunden näher und sahen ihm ins *Maul.* Und Onkel Franz nannte seinen Preis. Und wenn der Handel gemacht wurde, schlug der Käufer seine Hand auf die Hand von Onkel Franz. Und Tante Lina schrieb auf, wer das Pferd gekauft hatte.

Manchmal hatte der Onkel so viele Pferde mitgebracht, daß die *Musterung* einige Tage dauerte. Und in der *Kneipe* im Vorderhaus saßen die Kunden und tranken *Schnaps* und rauchten Zigarren, daß der Rauch so dick war, daß man ihn nicht einmal mit der *Gartenschere* zerschneiden konnte. Onkel

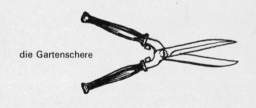

die Gartenschere

---

knallen : einen scharfen Laut machen
die Peitsche : siehe Bild Seite 33
knattern : knallen
mustern : ansehen; hierzu die *Musterung.*
das Maul : der Mund von einem Tier
die Kneipe : das Gasthaus.
der Schnaps : der Branntwein.

de Kneipe

Franz trank viel Schnaps und wurde nicht betrunken. Andere waren schon nach vier Schnäpsen betrunken. Und Tante Lina trank nichts. Sie kassierte. Hundert-, Fünfhundert- und Tausendmarkscheine. Die Brieftaschen der Kunden wurden immer magerer. Und Tante Lina brachte das Geld ins Hinterhaus, ins Comptoir, in den Panzerschrank. Und so wurde Onkel Franz Millionär.

Fragen

1. Wie kamen die Pferde nach Dresden?
2. Wo fand der Verkauf statt?
3. Wer kam, um Pferde zu kaufen?
4. Wie ging der Handel vor sich?
5. Welche Rolle spielte Onkel Franz dabei?
6. Was machte Tante Lina an solchen Tagen?
7. Wie war es in der Kneipe?

die Kutscherwohnung   das Treibhaus

7 Onkel Franz muß eine Villa kaufen

Die Leute in der Hechtstraße waren stolz auf Onkel Franz, denn er hatte gezeigt, daß man es auch in der Hechtstraße zum Millionär bringen kann. Aber sie sagten auch: »Wer so reich geworden ist, der muß zeigen, wie reich er ist. Er muß ein Schloß kaufen. Er muß aus der Hechtstraße fort.« »So ein *Quatsch* « *knurrte* Onkel Franz. »Unsere Wohnung über dem Fleischerladen ist gut genug für mich. Ich bin ja doch fast nie zu Hause.« Doch die Hechtstraße war stärker als er. Und zuletzt kaufte er ein Haus.

Er kaufte das Haus Antonstraße 1. Ein Schloß war es nicht, sondern eine *zweistöckige*, große Villa mit einem schönen Garten, der fast ein kleiner Park war und am Albertplatz lag. Und über den Albertplatz mußte ich, wenn ich zur Schule ging.

Neben der großen Villa standen außerdem ein *Treibhaus*, zwei Pavillons, ein Pferdestall und eine *Kutscher*wohnung. In der Kutscherwohnung wohnte Frieda und war nun *Wirtschafterin*. Sie bekam ein Dienstmädchen und einen *Gärtner* zur Hilfe und re-

---

der Quatsch: der Unsinn
knurren: ein Hund knurrt, wenn er böse ist
zweistöckig: in zwei Stockwerken (Bild Seite 36.)
der Kutscher: siehe Bild Seite 52
die Wirtschafterin: die Haushälterin
der Gärtner hält den Garten in Ordnung.

gierte in der Villa. Sie beherrschte vom ersten Tag an ihre neue Arbeit.

Für Tante Lina war es schwerer. Sie wollte keine *gnädige Frau* werden, und sie wurde auch keine.

Fragen

1. Warum konnte Onkel Franz nicht in der Hechtstraße bleiben?
2. Was kaufte er sich?
3. Was gehörte zu dem Haus?
4. Was wurde Frieda nun?

---

die gnädige Frau : die vornehme Dame.

8 Auf der Gartenmauer

Von unserer Wohnung bis zur Antonstraße war es nur ein kurzer Weg. Und da sich Tante Lina in ihrer Villa recht fremd fühlte, war sie froh, wenn wir sie besuchten. Bei schönem Wetter kam ich schon nachmittags. Der Onkel saß in irgendeinem Schnellzug, die Tante im Büro, und Dora war bei einer Schulfreundin. So hatte ich das Haus und den Garten für mich allein.

Am liebsten saß ich dann auf der Gartenmauer und sah dem Verkehr auf dem Albertplatz zu. Straßenbahnen kamen und hielten. Hunderte von Passagieren stiegen aus und ein. Pferdewagen, Autos, Fußgänger kamen an mir vorüber. Die *Feuerwehr* kam vorbei mit Lärm und *Glockengebimmel*. Von einem Bierwagen fiel ein Faß herunter, und die Leute kamen herzugelaufen. Der Albertplatz war wie ein Theater, und ich saß zwischen den Bäumen und sah der ganzen Vorstellung zu.

Dann kam Frieda und sagte: »Ich habe Kaffee für dich hingestellt!« Ich setzte mich in den Schatten und trank Kaffee und aß Kuchen. Nachher ging ich wieder durch den Garten, und im *Herbst* schlug ich

---

die Feuerwehr: Mannschaft zur Bekämpfung von Schadenfeuer
das Glockengebimmel: das Glockenläuten
der Herbst: die vier Jahreszeiten sind: der Frühling, der Sommer, der Herbst, der Winter

mit einem Stock *Nüsse* vom Nußbaum. Oder ich holte für Frieda etwas beim Kaufmann. Zucker, Kartoffeln, Salat oder was sie sonst brauchte.

die Nuß

Fragen

1. Wo saß der kleine Erich gern?
2. Was konnte er von dort aus sehen?
3. Was brachte Frieda ihm?
4. Was tat er oft für Frieda?
5. Was tat er im Herbst?

9 Der Herr und seine Sklavinnen

Auch abends gingen wir oft in die 'Villa'. Am liebsten wenn der Onkel Franz auf der Reise war. Dann fühlte sich Tante Lina, trotz Dora, so allein, daß sie froh war, wenn wir mit ihnen zusammen in der Wohnstube zu Abend aßen. Und Frieda konnte wunderbare *belegte Brote* machen, und sie war traurig, wenn auch nur eine Scheibe Brot mit Wurst oder Schinken übrigblieb. Da wir sie nicht traurig sehen wollten, aßen wir alles auf.

Ungemütlicher waren die Abende, wenn Onkel Franz nicht auf der Reise war. Gewiß, er war nicht zu Hause. Er saß in Kneipen und trank und verkaufte Pferde. Aber er könnte ja plötzlich zu Hause ankommen. Denn nichts auf der Welt ist unmöglich! Deshalb mußten wir an solchen Abenden in der Küche sitzen.

Die Küche war schön, und zu Hause saßen wir ja auch in der Küche, und Friedas Brote schmeckten auch nicht schlechter dort. Aber es war nicht wirklich gemütlich. Tante Lina hatte Angst. Sie sah aus, als sei sie bei sich selber zu Besuch. Ihre Angst machte auch uns unruhig. Und so saßen wir und

das belegte Brot

lauschten wie die Kaninchen. Würde er kommen? Es war ungewiß. Es war sogar unwahrscheinlich. Doch manchmal kam er.

Zuerst hörten wir, wie jemand das Gartentor hart zuschlug, und Frieda sagte: »Der Herr kommt.« Dann sprang die Haustür auf, daß die Fensterscheiben klirrten, und Tante Lina rief ängstlich und doch froh: »Der Herr kommt!« Dann schrie im Gang ein Löwe das Wort »Frau!« Und mit dem Rufe »Ja, Franz!« *stürzte* die Tante, von Frieda und und Dora gefolgt, aus der Küche in den Gang, wo der Herr der Pferde ihnen ungeduldig Hut und Spazierstock entgegenstreckte. Sie bedienten ihn,

---

lauschen: hinhören
stürzen: sehr schnell laufen

wie Sklavinnen ihren Sultan. Er warf sich in der Wohnstube aufs Sofa, und sie zogen ihm die Schuhe aus und holten seine Hausschuhe. Dann knurrte er das Wort »Zigarre!«. Dora rannte ins Arbeitszimmer, holte die Zigarrenkiste und Streichhölzer, hielt ihm die Kiste hin und stand mit einem Streichholz parat. Er nahm sich eine Zigarre, und nachdem er die Spitze abgebissen und auf den Teppich gespuckt hatte, gab Dora ihm Feuer. Erst sagte er nichts, rauchte seine Zigarre und sah aus wie ein *Räuber*, wenn er satt ist. Dann fragte er: »War was los?« Tante Lina erzählte ihm, was am Tag geschehen war. Er knurrte. »Wollen Sie was essen?« fragte Frieda. »Hab' ich schon,« knurrte er. »Ein Glas

---

der Räuber: ein großer Dieb

Wein?« fragte die Tochter. »Also gut,« sagte er freundlich, »aber schnell! Ich muß noch einmal weg.« Und schon lief sie in den Keller, um den Wein zu holen.

Fragen

1. Wen besuchten Kästners oft abends?
2. Wann war es am gemütlichsten?
3. Warum mußten sie manchmal in der Küche sitzen?
4. Was tat Onkel Franz, wenn er nach Hause kam?
5. Was taten die Frauen dann?
6. Wie fühlte sich Onkel Franz dabei?

10 Der Löwe brüllt

Wir saßen aber noch immer in der Küche und waren leise. Meine Mutter lächelte ironisch, mein Vater war nicht froh, und ich aß von Zeit zu Zeit ein belegtes Brot. Was in der Wohnstube passierte, wußten wir nur zu gut. Wir konnten nur abwarten, wie die Komödie heute enden würde. Drei Möglichkeiten gab es nämlich:

Entweder ging Onkel Franz wirklich wieder fort, die drei Sklavinnen kamen in die Küche zurück, vielleicht sogar mit der Flasche Wein, und wir blieben noch eine Zeit da. Oder Onkel Franz blieb zu Hause. Dann kam Frieda nicht ganz froh allein zurück, und wir mußten durch die Hintertür das Haus verlassen. Am dramatischsten aber war der dritte *Schluß*, und den gab es gar nicht selten.

Manchmal nämlich sah der Onkel die Tante sehr genau an und fragte ganz freundlich: »Ist sonst noch jemand im Haus?« Dann wurde die Tante Lina weiß, und er wußte alles. »Wer?« fragte er weiter, »heraus damit!« »Ach«, sagte sie leise, »es sind nur die Kästners.« »Wo sind sie denn?« fragte er *drohend* und beugte sich vor. »Wo sie sind, hab' ich gefragt!« »In der Küche, Franz.«

Und jetzt wurde er wild. »In der Küche?« brüllte

---

brüllen: wie ein Tier schreien
der Schluß: das Ende
drohen: jemanden böse ansehen

er. »Es sind nur die Kästners? Du versteckst unsere Verwandten in der Küche? Ihr seid wohl alle verrückt geworden, wie?«

Er stand auf, warf die Zigarre auf den Tisch, *stöhnte vor Wut* und ging mit viel Lärm in den Gang. Leider hatte er Hausschuhe an. Mit *Stiefeln* wäre es noch viel besser gewesen.

vor Wut stöhnen: die Luft laut ein- und ausatmen.
der Stiefel: schwerer Schuh

Er riß die Küchentür auf, musterte uns von oben bis unten, hielt die Hände in den Seiten, holte tief Luft und rief wütend: »Das darf man also mit euch tun?« Meine Mutter sagte ruhig und leise: »Wir wollten nicht stören, Franz.« »Wer,« rief er, »sagt in diesem Haus, daß meine Verwandten stören? Das ist ja nicht zu glauben! Ihr kommt sofort in die Wohnstube. Nun? Wird's bald? Oder soll ich euch erst eine schriftliche Einladung schicken? Ida! Emil! Erich! Los! Aber *ein bißchen plötzlich!*«

Und dann ging er wieder mit viel Lärm in die Wohnstube zurück. Wir drei hinterher. »Frau!« rief er. »Frieda! Dora!« rief er. »Zwei Flaschen Wein! Zigarren! Und etwas zu essen!« Die drei Sklavinnen stürzten davon. »Wir haben aber schon in der Küche gegessen,« meinte meine Mutter. »Dann eßt ihr eben noch einmal!« schrie er wütend. Und mein Vater mußte, ob er wollte oder nicht, eine seiner Havannas nehmen. Sonst war der Onkel Franz nicht zufrieden.

Und wenn wir dann alle unter der Lampe zusammen saßen und aßen und tranken, rieb er sich vergnügt die Hände und sagte: »Nun wollen wir's uns mal gemütlich machen! Nimm dir ein Stück Brot, mein Junge, du ißt ja nichts!« Nun konnte ich damals viel mehr essen als heute, und so aß ich, damit er zufrieden war, ein Stück Brot nach dem andern. Und dann sprach Onkel Franz wieder vom Kaninchenhandel und daß meine Mutter damals

---

ein bißchen plötzlich: schnell, sofort

geklatscht hatte. Und je böser meine Mutter wurde, desto vergnügter wurde er. Und wenn er sie richtig böse gemacht hatte, interessierte die Sache ihn nicht mehr und er sprach mit Tante Lina über das Geschäft. Dann stand er plötzlich auf und sagte: »Laßt euch nicht stören. Ich geh jetzt ins Bett.« Und schon war er weg. Manchmal wurde er auch deutlicher, und dann sagte er ganz ruhig: »So, und jetzt könnt ihr gehen.« Ja, mein Onkel Franz war eine Nummer für sich.

Fragen

1. Wie bekam Onkel Franz heraus, daß die Kästners da waren?
2. Wie kam er dann in die Küche hinaus?
3. Was mußten die Kästners dann?
4. Wovon sprach Onkel Franz am liebsten mit seiner Schwester?
5. Wann verlor er das Interesse an der Sache?
6. Wie behandelte er die Kästners?

11 Eine Löwin und ein Löwe

die Aktentasche

Für meine Tante, die nicht mehr gut gehen konnte, *machte* ich *die Botengänge,* und so kam es dann auch, daß ich nach den großen Pferdeverkäufen das Geld auf die Bank brachte. Manchmal war das sehr viel, dreißigtausend Mark oder auch mehr. Da machten die Kunden in der Bank große Augen, wenn ich kleiner Junge so viel Geld aus der *Aktentasche* holte und es dem Kassierer auf den Tisch legte. Ich hatte

---

einen Botengang machen : etwas für jemanden besorgen

selbst das Geld gezählt und wußte darum genau, wieviel es war, und meine Rechnung stimmte immer! Wenn der Kassierer zu einem anderen Resultat kam, mußte er noch einmal zählen, denn dann hatte er einen Fehler gemacht. Wenn dann die *Quittung* mit meiner Rechnung stimmte, konnte ich sie stolz in die Aktentasche legen.

Aber einmal fehlten meiner Tante zweihundert Mark. Sie rechnete und rechnete. Aber die zweihundert Mark fehlten. Sie sprach mit Onkel Franz darüber, und zusammen fanden sie erst einmal heraus, wer das Geld nicht genommen haben konnte. So hatten sie es schon früher gemacht, und meistens blieb der Dieb übrig. Diesmal blieben zwei übrig: Meta, das Dienstmädchen, und ich. Tante Lina sprach erst mit Meta. Meta sagte, daß sie es nicht gewesen sei, und man mußte ihr glauben. So blieb nur ich übrig. Das Gespräch mit Tante Lina wurde sehr kurz. Sie hatte mich kaum gefragt, da war ich schon aus der Tür. Zu Hause erzählte ich meiner Mutter die Geschichte. Meine Mutter sagte nur: »Schade, es waren eigentlich ganz *nette* Leute.« Damit war für sie die Sache fertig.

die Quittung

---

nett: freundlich

Ein paar Tage später fand meine Tante das Geld in einer *Schachtel*. Sie hatte es wohl dahingelegt und dann vergessen. Erst kam meine Kusine Dora zu uns. Sie sagte, daß sie das Geld gefunden hatten und

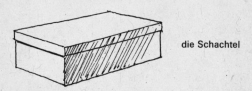

die Schachtel

brachte viele Grüße. Aber meine Mutter war böse und schickte Dora wieder nach Hause. Am nächsten Tag kam Frieda. Auch sie wurde wieder nach Hause geschickt. Wieder einen Tag später kam Tante Lina, obwohl sie schlecht gehen konnte, zu uns. »Es ist schon gut, Lina«, sagte meine Mutter. »*Ich habe dich gern*, das weißt du ja. Doch wer von meinem Jungen sagt, er sei ein Dieb, den kenn ich nicht mehr.« Damit schlug sie der Tante die Tür vor der Nase zu.

Als dann wieder ein Tag vergangen war, fuhr vor unserm Haus eine *Kutsche* vor, und der Onkel

die Kutsche   der Kutscher

---

ich habe dich gern : ich mag dich

52

Franz kletterte heraus. Kurz darauf stand er zum ersten Mal in seinem Leben vor unserer Tür. »Nanu!« meinte meine Mutter. »Was willst du denn hier?« »Sehen, wie ihr wohnt!« knurrte er. »Darf ich hereinkommen?« »Nein!« sagte meine Mutter. Doch er schob sie zur Seite und trat ein.

Die Unterhaltung, die die beiden in der Stube führten, war ziemlich laut. Ich saß in der Küche und hörte sie schreien. Zuletzt sprach nur noch meine Mutter. Als der Onkel ging, *trocknete* er *sich* mit einem großen Taschentuch *die Stirn.* Aber er sah zufrieden aus. Dann kletterte er wieder in seinen Wagen und fuhr weg.

»Er hat sich entschuldigt«, sagte meine Mutter. »Er hat gesagt, daß wir die Sache vergessen und bald wiederkommen sollen. Was meinst du? Wollen wir es vergessen?« »Ich denke schon«, meinte ich. »Es ist wohl auch das beste«, sagte sie. »Er ist ja mein Bruder.«

Fragen

1. Was tat der kleine Erich oft für Tante Lina?
2. Wer hatte immer richtig gerechnet?
3. Was passierte einmal?
4. Wer hatte das Geld genommen?
5. Warum dachte man, daß Erich das getan hatte?
6. Was sagte Erichs Mutter dazu?
7. Wie behandelte Erichs Mutter Dora, Frieda und Tante Lina?
8. Warum schickte sie nicht Onkel Franz wieder fort?
9. Wer war der stärkere von den beiden?

---

sich die Stirn trocknen: siehe Bild Seite 53

12 Was nützt das viele Geld?

der Sarg

Und so wurde es wieder, wie es gewesen war. Ich saß wieder auf der Gartenmauer und sah auf den Albertplatz hinunter und brachte wieder für Tante Lina Geld auf die Bank. Die Aktentasche wurde immer dicker. »Ich möchte nur wissen«, sagte einmal der alte Gärtner zu mir, als ich mit der dicken Aktentasche an ihm vorbeiging, »was er mit dem vielen Geld will. Mehr als ein Kotelett kann er nicht essen. Mehr als einen Hut kann er nicht auf dem Kopf haben, und im *Sarg* kann er kein Geld ausgeben. Die *Würmer* fressen ihn gratis. Der Mann hat in seinem Leben noch nicht einen freien Tag gehabt. Erst wenn er in der Erde liegt und sich die *Radieschen* von unten ansieht, wird er Ruhe haben.« »Sie sprechen ziemlich viel vom Sterben«, sagte ich. »Das ist nicht so merkwürdig«, meinte er, »ich bin eigentlich *Friedhofsgärtner*.«

das Radieschen

der Wurm

---

der Friedhof: der Kirchhof

Natürlich hatte der Mann recht. Der Onkel konnte aber nicht stille sitzen. Nach dem ersten Weltkrieg verlor er all sein Geld. Aber er fing noch einmal an und wurde wieder ein reicher Mann. Und dann war es plötzlich mit ihm aus. Er fiel um wie ein Baum und war tot.

Er hatte gelebt, wie er leben mußte. Und wenn auf einer seiner Reisen ein fremder Herr im Zug zu ihm hingegangen wäre und gesagt hätte: »Entschuldigen Sie, Herr Augustin. Ich bin der *Erzengel Michael,* und ich soll Ihnen sagen, daß Sie alles falsch machen«, dann hätte mein Onkel Franz gemeint: »Lassen Sie mich in Ruhe.« Und dann hätte er seinen steifen Hut über die Augen geschoben und gesagt: »Meinetwegen können Sie Hase heißen!«

Fragen

1. Was meinte der Gärtner von Onkel Franz?
2. Wie oft hatte Onkel Franz Urlaub gehabt?
3. Wie endete es mit Onkel Franz?
4. Wofür hatte er sich sein ganzes Leben lang interessiert?

Erzengel Michael